D1357641

Dieren in het nieuws

NEDERLANDSE
KINDERJURY
2006

AVI 3

Copyright © 2005 bij Uitgeverij De Eekhoorn BV, Oud-Beijerland

CIP-gegevens Koninklijke Bibliotheek, Den Haag

van de Coolwijk, Marion

Een school vol dieren: Dieren in het nieuws / Marion van de Coolwijk
Internet: www.eekhoorn.com
Illustraties: Saskia Halfmouw
Vormgeving: Bureau Maes & Zeijlstra, Oosterbeek

ISBN 90-6056-954-7 / NUR 281

Dieren in het nieuws

MARION VAN DE COOLWIJK

Met tekeningen van
SASKIA HALFMOUW

 De Eekhoorn

Inhoud

1 Geen straf

'Dag, juf!'
Brit loopt de klas in.
Jet komt er ook aan.
'We zijn de eersten!
Er is nog niemand.'
Juf Manon lacht.
'Ho, ho, wacht even…
Ik ben er toch al?
Ik was hier het eerst!'

Brit en Jet gaan naar hun tafel.
Ze zitten naast elkaar.
Hun tafel staat bij het raam.
Buiten schijnt de zon.
Het is druk op het schoolplein.
Iedereen speelt nog buiten.
'Kijk nou,' zegt Brit.
Ze wijst naar het schoolplein.
'Niemand wil naar binnen.

Het is half negen.
De bel is al lang gegaan.'
Juf Manon komt bij hen staan.
'Ik ga de deur dicht doen.
Wie te laat is, heeft pech!'

Juf Manon loopt de klas uit.
Brit kijkt weer naar buiten.
Haar vrienden zijn nog op het plein.
Ze ziet Sem bij de boom staan.
Mook, Thomas en Anne zijn er ook.
Brit schrikt.
'Ze krijgen vast straf!'
'Eigen schuld,' zegt Jet.
'Moeten ze maar binnen komen.'
Brit staat op.
'Doe niet zo flauw!
Dat redden ze nooit meer.'

Brit gaat op haar tafel staan.
'Ik heb een idee!'
Brit gaat op haar tenen staan.
Ze trekt aan de stang van het raam.
'Help eens even mee!'
Jet gaat ook op de tafel staan.
Ze trekken aan de stang.
Het raam vliegt open.
Brit klimt op de rand.

'HEE!!'
Ze roept zo hard ze kan.
'DE BEL IS AL LANG GEGAAN!
NAAR BINNEN!
DE JUF KOMT ER AAN!'

Sem rent naar het raam.
Er zit een rand bij het raam.
Hij zet zijn voet op de rand.
Snel klimt hij de klas in.
Mook doet dit ook.
Achter hem staat Anne.
Ze durft niet goed.
'Kom snel,' roept Mook.
Hij steekt zijn hand uit.
Anne pakt zijn hand.
HUP
Anne staat in de klas.
Thomas klimt er snel achter aan.
Brit en Jet doen het raam dicht.
Snel gaat iedereen zitten.

Juf Manon staat op het plein.
Ze kijkt om zich heen.
Er is niemand meer.
Dan ziet ze Sem in de klas.
En Mook, en Anne...
Ze zwaaien naar de juf.

Jet lacht.
'Kijk de juf eens denken.'
'Ze snapt er niets van,' grijnst Sem.
'Bedankt Brit!' roept Mook.
'Nu krijgen we geen straf.'

2 Alle dieren moeten weg!

'Hoe kan dit?'
Juf Manon praat boos.
Maar haar gezicht lacht.
Niemand zegt iets.
Juf Manon kijkt naar het raam.
Haar ogen worden groter.
'Ik snap het al,' lacht ze.
'Jullie gingen door het raam!'
Nu lacht iedereen.
Brit geeft Jet een knipoog.
'De juf is niet eens echt boos.'

De deur van de klas gaat open.
Het is meester Tom.
Hij is de directeur van de school.
Tom loopt naar juf Manon.
Het wordt stil in de klas.
Tom fluistert iets tegen de juf.
Brit kan het niet verstaan.

Wat zou er aan de hand zijn?
Meester Tom komt nooit in de klas.
Jet wijst naar juf Manon.
Haar gezicht lacht niet meer.
Ze kijkt boos!
Wat zou er zijn?

Meester Tom loopt de klas uit.
Hij zegt niet eens gedag.
Het is doodstil in de klas.
Juf Manon gaat zitten.
Ze zucht.

'Wat is er juf?' vraagt Thomas.
'Is het erg?'
Juf Manon knikt.
'Ja,' zegt ze.
Er valt een stilte.
Brit wordt ongeduldig.
Waarom zegt de juf niets?
'Is er iemand dood?'
Juf Manon kijkt Brit aan.
'Nee, zeg!
Gelukkig niet!'
Brit snapt er niets van.
'Wat is er dan aan de hand?
Vertel het dan!'
Juf Manon staat op.
'Het gaat om dokter Daan.

De dieren moeten weg!
De inspecteur was hier op school.
Hij houdt niet van dieren.
Hij wil geen dieren in de school.'

'WAT!!!!' roept Brit.
'Dat kan toch niet zomaar,' roept Jet.
'Belachelijk,' schreeuwt Thomas.
Iedereen is nu aan het roepen.

Brit denkt aan dokter Daan.
Dokter Daan is de man van juf Manon.
Hij is dierendokter.
Zijn huis brandde af.*
Alle hokken waren stuk.
Dokter Daan kon toen nergens heen.
De school hielp hem.
Alle dieren mochten in de gymzaal.
Een dierendokter in school.
Dat vond iedereen een goed idee.
De kinderen helpen vaak mee.
Hokken schoon maken...
Eten geven...
Dokter Daan is blij met al die hulp.
En de kinderen vinden het leuk.
Dieren in de school!

'Ik snap het niet, juf,' roept Brit.
'Dokter Daan zit al weken op school.
Het gaat toch goed?
Iedereen vond het goed.
Waarom moeten de dieren nu weg?'

3 Stom!

Juf Manon knikt.
'Je hebt gelijk, Brit.
Maar de inspecteur...'
Juf Manon wacht even.
Ze denkt na.
'De inspecteur is streng.
Hij moet zich aan regels houden.
Die regels komen uit de wet.
En de wet is van de minister.'
Mook is boos.
'Die minister is stom!
En de inspecteur ook!
Ze houden vast niet van dieren.'
'Ja,' roept Ali.
'Die wet is niet goed.
We moeten iets doen!'
Juf Manon gaat zitten.
'Ik vind het heel erg.
Daan moet iets anders zoeken.

De dieren moeten snel weg.
Binnen veertien dagen.
Dat zei de inspecteur.
Dat is al snel.'

Anne huilt.
'Waar moeten de dieren naartoe?
Dokter Daan heeft nog geen huis.
Dat wordt wel gebouwd.
Maar het is nog niet af.
Hoe moet dat dan?'
Het is stil in de klas.
Iedereen denkt na.

De deur gaat open.
Dokter Daan komt de klas in.
Hij kijkt sip.
'Hebben jullie het al gehoord?'
De kinderen knikken.
Juf Manon geeft Daan een zoen.
'Ik vind het heel erg voor je!
Waar moeten die dieren nu naartoe?'
Dokter Daan weet het niet.
'Ik was net zo blij.
De gymzaal is een fijne plek.
Er zijn nu veel dieren.
Wel twintig.

Ze zijn ziek!
Ik kan ze toch niet in de steek laten?'
Brit kijkt naar juf Manon.
Ze ziet een traan.
Juf Manon huilt!

BOEM!
Mook slaat op zijn tafel.
'Dit kan zo niet!
We moeten iets doen!
Waar is die inspecteur?
Is die man nog op school?'
Dokter Daan knikt.
'Hij is in de gymzaal.
Samen met meester Tom.
Maar je mag er niet heen, hoor.
Dat is niet beleefd.'
Mook staat op.
'Pfff, kan me niets schelen.
Wat die man doet,
is ook niet beleefd!
Wie gaat er mee?'

Iedereen staat op.
'Wij gaan mee!'
Brit staat al bij de deur.
Juf Manon kijkt niet blij.
'Dat heb ik liever niet,' zegt ze.

Maar niemand luistert naar haar.
Ze staan al op de gang.
Jet draait zich om.
'Blijft u maar hier, juf!
Wij regelen dit wel.'

4 Brutaal

Ze staan bij de gymzaal.
De deur is dicht.
Er klinkt lawaai uit de gymzaal.
De poezen miauwen...
De honden blaffen...
De cavia's piepen...
Mook doet de deur open.
Daar staat meester Tom.
Er is een meneer bij hem.
Mook stapt naar binnen.
'Mogen wij even storen?'
Meester Tom draait zich om.
De hele klas staat nu in de gymzaal.
'Nu niet, Mook,' zegt meester Tom.
Mook loopt door.
Hij gaat naar de meneer toe.
'Bent u de inspecteur?'
De man knikt.

'Ja, en jij heet dus Mook?'
Mook steekt zijn hand uit.
'Dag, meneer!
Wij zijn de klas van juf Manon.'
De inspecteur kijkt naar meester Tom.
'De vrouw van dokter Daan?'

Juf Manon komt binnen.
'Ja, dat is zo.
Daan en ik zijn getrouwd.'
Brit doet een stap naar voren.
Ze kijkt boos.
'Meneer?
Moeten de dieren weg?
Dat kan toch niet.
Dokter Daan heeft geen huis.
Dat brandde af.
Waar moeten de dieren naartoe?'
De inspecteur glimlacht.
'Wat kan jij boos kijken, meisje!'
Brit ontploft bijna.
Wat is dat voor een rare man?
Hij doet net of ze een kleuter is.
Wacht maar.
Ze zal hem wel eens een lesje leren.
'Heel goed gezien, meneertje!
Wat kunt u goed kijken.
Maar ik wil antwoord op mijn vraag.'

De inspecteur kijkt verbaasd.
'Dit vind ik brutaal,' zegt hij.
'Hoe heet jij?'
'Brit,' zegt Brit.
'En hoe heet u?'
Het gezicht van de man wordt rood.

'Nou ja...' roept hij.
'Wat een brutale meid!'
Meester Tom stapt naar voren.
'Ho ho... meneer Lint.
Er is niets aan de hand.
Brit is een heel aardig meisje.
Ze is bezorgd.
Net als ik.
Ze vraagt naar uw naam.
En ze vraagt naar de dieren.
Dat is echt niet brutaal.'
De mond van de inspecteur valt open.
'U... u neemt het voor haar op?
U vindt haar niet brutaal?
Wat is dit voor een school?'
De man pakt zijn tas.
'Ik blijf hier geen minuut langer.
U hoort nog van mij.
De groeten!'

Meneer Lint loopt naar de deur.
Hij draait zich nog om.

Iedereen kijkt hem aan.
'En denk erom,' zegt hij.
'Over twee weken,
zijn die dieren hier weg.
Anders haal ik ze weg!'

5 Het plan

De deur valt met een klap dicht.
'Oeps,' zegt Jet.
'Die is boos!'
Meester Tom zucht.
'Ja, en dat is niet zo mooi!
Die man is de baas.
Hij is de inspecteur.
De wet.
En je moet doen wat de wet zegt.
Anders moet de school dicht.'
Brit schrikt.
'Echt waar?
Dat wist ik niet.
Het spijt me...
Ik...
Het is mijn schuld!'
Brit huilt.
Juf Manon troost haar.
'Huil maar niet, Brit.

Ik vond die man ook niet lief.
Hij is gemeen.'
Dokter Daan komt erbij staan.
'Wat doen we nu?'
Zal ik dan maar gaan?'

'Nee,' roept meester Tom.
'Geen sprake van!
Wet of geen wet.
Dokter Daan blijft hier.
De dieren gaan niet weg!
Daar zorg ik voor!
Horen jullie mij?
Dat beloof ik.'

Brit droogt haar tranen.
'Maar...' stamelt ze.
'Hoe moet dat dan,
als de school dicht gaat?
Dan moeten de dieren toch weg.'
'En wij ook,' schreeuwt Ali.
'Best gaaf.
Geen school!
Joepie!'
Brit geeft Ali een duw.
'Doe niet zo dom.
Dat is helemaal niet leuk.
Je moet toch naar school?'

Het is stil in de gymzaal.
Zelfs de dieren zijn stil.
Ze voelen het.
Brit kijkt op.
'Ik heb een idee!'

'Vertel op,' zegt juf Manon.
'Nou...' zegt Brit.
'We moeten op TV.'
Juf Manon kijkt verbaasd.
'Op TV?
Waarom?'
Brit weet het nu zeker.
'Luister,' legt ze uit.
'De dieren moeten uit school.
Wij vinden dit stom.
Want de dieren zijn lief.
En wij leren er veel van.'
De anderen knikken.
Brit gaat verder.
'De dieren moet op TV.
Samen met dokter Daan.
Dan zien alle mensen het.
We vertellen over de wet.
Dat de wet niet klopt.
Ze worden boos op de minister.
En dan...'
Ali snapt het.

'Dan verandert de wet!
Wat slim!
Weet je wat?
We bellen ook de krant!
En we gaan naar de radio!'

6 Nog een idee

Beste meneer of mevrouw,

Dokter Daan zijn huis brandde af.
Alle hokken gingen stuk.
Waar moesten de dieren naartoe?
Onze school hielp.
Alle dieren mochten in de gymzaal.
We bouwden hokken.
We helpen iedere dag mee.
Daar leren we veel van.
Alle juffen en meesters doen mee.
Iedereen is blij.
Nu kwam de inspecteur.
Hij was boos.
Er mogen geen dieren in school.
Dat staat in de wet.
Wij vinden die wet stom.
U toch ook?
Nu moeten alle dieren weg.

Waar moeten ze naartoe?
Dit kan toch niet zomaar?
Kunt u ons helpen?

Groetjes van alle kinderen

Brit vouwt de brief.
Ze doet hem in de envelop.
Jet likt aan de postzegel.
Ali plakt hem erop.
Anne schrijft het adres.
Mook kijkt tevreden.
'Zo,' zegt hij.
'Vier brieven!
Eén naar de TV.
Eén naar de krant.
Eén naar de radio
En één naar de minister.
Dat moet lukken!'
Juf Manon kijkt blij.
'Ik ben trots op jullie!
Het gaat vast lukken.
Ruim nu maar je tafel op.
Dan gaan we naar huis.
Het is drie uur.'

De school is uit.
De klas loopt op straat.

Brit voorop.
Ze gaan naar de brievenbus.
Brit houdt de brieven vast.
De brievenbus is niet ver.
Brit gooit de brieven erin.

Ze draait zich om.
'En wat doen we nu?'
Sem weet het wel.
'We maken een lijst.
En dan gaan we langs de deuren.
We vragen een handtekening.
Om de dieren te helpen.
En die lijst...'
Anne weet het.
'Die sturen we naar de minister!'
'Juist,' roept Sem.
'We gaan snel terug naar school.
We vragen de juf papier.
Dan maken we die lijsten.
Voor ieder ééntje.'
Eva maakt een sprong.
'Ik doe mijn straat.
Daar staat een flat.
Mijn oma woont daar.
Een flat gaat snel.
Er wonen veel mensen in de flat.'
'En ik...' roept Sem.

'Ik ga naar oom Jan.
Hij werkt bij de bank.
Daar is het ook druk.'
Brit voelt zich blij.
Het is een goed plan.

7 De krant

FLITS
Brit knijpt haar ogen dicht.
Ze staan in de gymzaal.
Er is een fotograaf.
Hij is van de krant.
Er is ook een mevrouw.
Zij vraagt van alles.
Ze schrijft alles op.
Dokter Daan vertelt.
'We moeten hier weg!
Dat is niet leuk.
Waar moet ik naartoe?
De dieren vinden het hier fijn.
De kinderen ook.
Iedereen is blij.
Behalve de inspecteur.'
De mevrouw knikt.
'Wie maakt alles schoon?'

Dokter Daan wijst.
'Dat doen de kinderen.
Samen met mij.
Kijkt u maar!
Alles is toch schoon?'

De mevrouw zegt niets.
Ze schrijft.
Het is even stil.

FLITS

De fotograaf neemt een foto.
Dan wijst hij naar Brit.
'Jij daar...
Pak die poes eens op.'
Brit pakt de poes.
De fotograaf knikt.
'Nu moet je huilen.'
Brit kijkt verbaasd.
'Huilen?
Waarom?
Dat kan ik niet zomaar!'
De fotograaf zucht.
'Huilen is beter,'zegt hij.
'Dan ben je zielig.
Mensen vinden zielig leuk.'
Brit begrijpt het.

Ze doet haar best.
Ze knijpt haar ogen dicht.
Huilen…
Huilen…
Hoe doe je dat?

Het lukt niet.
Mook komt bij haar staan.
'Ik weet wel wat!'
Hij knijpt in haar been.
'AU!' roept Brit.
'Dat doet zeer!'
Ze voelt een traan.
En nog één.
Joepie... ze huilt.
Brit kijkt heel zielig.

FLITS

De fotograaf is klaar.
De mevrouw ook.
'Bedankt!' zegt ze.
'Ik schrijf een stuk.
De foto komt erbij.
Lees de krant maar.
De krant van vrijdag.'
Ze gaan weg.

Dokter Daan zucht.
'Zou het lukken?'
'Tuurlijk,' zegt juf Manon.
'Het moet gewoon!
De dieren mogen niet weg!'

8 Op TV

Het is druk in de klas.
Veel te druk.
Er staat een camera.
En er hangen lampen.
Brit heeft het warm.
Pff, wat een gedoe.
Er lopen mannen.
Ze leggen draden.
Overal zijn lampen.
De lampen zijn heet.
Brit trekt haar trui uit.
Wat duurt het lang.
Ze zijn al een uur bezig.
Er is nog niets gefilmd.
Juf Manon leest voor.
Maar niemand luistert.
Dokter Daan zit naast haar.

'Stilte!'
Een man staat voor de klas.
Hij is de baas.
Iedereen is stil.
Juf Manon doet haar boek dicht.

De man heeft een bord.
Het is zwart met wit.
Er staan letters op.
'Luister,' zegt de man.
'Wij zijn van het nieuws.
We filmen dokter Daan.
En straks ook nog de dieren.
We filmen best lang.
Wel een uur.
Zolang duurt het nieuws niet.
We knippen de film.
Er blijft één minuut over.
Dat lijkt weinig.
Maar het is voor het nieuws.
En iedereen kijkt naar het nieuws.
Dus doe goed je best.'
De man houdt het bord omhoog.
'Dit bord is de baas.
Als ik het dicht klap,
dan moet het stil zijn.
Dan gaan we filmen.
Ik doe het voor.'

Hij klapt het bord dicht.

KLAP

Iedereen is stil.

'Goed zo,' roept de man.
'We beginnen.
Ik praat met dokter Daan.'
De man klapt het bord dicht.
Het gesprek begint.
Brit moet hoesten.
Haar keel kriebelt.
Brit bukt onder tafel.

UCHE...

De hoest is er uit.
Brit komt overeind.
De man praat niet meer.
Hij staart naar Brit.
'Meisje, meisje,' zegt hij.
'Wil je dat niet meer doen?
Nu moet alles over.'
Hij pakt zijn bord.
'Opnieuw!' roept hij.
Het bord klapt dicht.
Brit steekt haar tong uit.

Wat een nare man.
Ze kijkt uit het raam.
Ze luistert niet meer.
TV lijkt wel leuk.
Maar het is stom.

9 Op de radio

Het is maandag.
Er staat een man voor de klas.
Hij draagt een lange stok.
Op de stok zit bont.
Het is een microfoon.
'Dag,' zegt de man.
'Ik ben Jos.
Ik werk bij de radio.
Jullie zijn boos?'
Iedereen knikt.
'Ja,' zegt Mook.
'Op de minister.'
Sem stoot hem aan.
'Nee, joh...
We zijn boos op de inspecteur.'
Jos lacht.
'Jullie zijn gewoon boos.
En waarom?'
Eva steekt haar vinger op.

De man komt naar haar toe.
Eva vertelt.
Over de dieren…
Over dokter Daan…
Over de wet…

Jos luistert.
Iedereen is stil.
Eva is klaar.
Jos drukt op een knop.
'Dat ging heel goed!
Dank je wel!'
Eva giechelt.
'Kom ik nu op de radio?'
Jos knikt.
'Ja, vanmiddag.
De juf weet wel hoe laat.'
Jos loopt naar de deur.
'Nu ga ik naar de gymzaal.
Dokter Daan is daar.
Wie wijst mij de weg?'
Iedereen begint te roepen.
'Ik... ik... ik...'
Jos lacht.
'Ho, ho, niet allemaal.
Dan houdt de juf niemand over.'
Hij wijst Brit aan.
'Weet jij de weg?'

Brit knikt.
Ze staat op.
'Ik loop wel even mee.'
Trots loopt ze de klas uit.

Het is warm in de gymzaal.
Brit zit op een kleed.
Ze aait de hond.
De cavia zit op haar schoot.
Jos staat bij dokter Daan.
Ze praten met elkaar.
Brit is muisstil.
Ze wil niet weer storen.

'Brit?'
Brit kijkt op.
Jos wenkt haar.
'Kom je er even bij?'
Brit staat op.
Ze loopt naar Jos.
'Wat is er?'
Jos glimlacht.
'Ken jij alle dieren?'
Brit knikt.
'Tuurlijk!
Ik ken ze allemaal.'
Ze vertelt over de dieren.

Hoe ze heten...
En waarom ze ziek zijn.
Brit weet alles.

10 De brief

Het nieuws...
Iedereen zag het.

De radio...
Iedereen hoorde het.

De krant...
Iedereen las het.

De handtekeningen...
Iedereen deed mee.

De mensen in het land,
zijn erg boos.
Boos op de minister.
Boos op de inspecteur.
Ze sturen brieven.
Ze bellen op.

En het werkt...

Er komt een brief.
Een brief van de minister.
Het is een deftige brief.
Een brief met gouden rand.
Juf Manon leest de brief voor.
Het zijn lange zinnen.
Veel moeilijke woorden.
Niemand begrijpt het.
Sem is boos.
'Wat is dat voor een brief?
Ik snap er niets van.
Wat staat er nou?'
Juf Manon glimlacht.

'Ik heb goed nieuws.
De dieren mogen hier blijven.
Dokter Daan mag blijven.
Totdat zijn huis klaar is.
De minister vindt het goed!'

Het is feest in de gymzaal.
Er hangen slingers.
Er is taart.
Er is limonade.
Dokter Daan is blij.
De dieren zijn blij.
De kinderen zijn blij.
Alles is goed gekomen.

'En dat komt door jullie!'
Dokter Daan kijkt trots.
'Het was anders nooit gelukt.
Dank jullie wel!
Ook namens de dieren.'

De hond begint te blaffen.
De poes gaat miauwen.
De cavia's piepen.

Brit lacht.
'Ze zijn het met u eens!'

Marion van de Coolwijk

Geboren op 7 mei 1959 in Amsterdam.
Marion woont in Winkel.
Een kleine stad in Noord-Holland.
Daar woont ze samen met haar man Ed,
twee zonen, een hond en wat goudvissen.
Marion is eigenlijk juf.
Maar ze schrijft ook al heel lang boeken.
Haar eerste boek was: Flippa Flodderhoed (1988).
Marion maakt ook lesboeken voor scholen.
Ze helpt kinderen die niet zo goed kunnen lezen.
Kinderen met dyslexie.
Daar weet Marion heel veel van.
Ze vertelt erover op scholen.
Ze heeft ook een boek geschreven over dyslexie:
Ik ben niet bom!
Marion heeft al meer dan 65 boeken geschreven
en wil er nog veel meer schrijven.

Kijk maar eens op:
www.marionvandecoolwijk.nl
www.kindinbeeld.nl
www.beeldenbrein.nl

Een school vol dieren

Er is brand bij dierendokter Daan.
De dieren worden gered.
Maar de hokken zijn verbrand.
Dokter Daan huilt
'Waar moeten de dieren nu naartoe?'
Brit heeft een idee...

ISBN 90-6056-910-5

Het hok is leeg.
Er ligt alleen nog wat stro.
De hamster is weg.
En kijk...
De poes is ook weg.
Er klopt iets niet.
Is er soms een dief?
Een dierendief?

ISBN 90-6056-911-3

Het is heel warm weer.
De dieren willen naar buiten.
Maar dat kan niet.
Dokter Daan heeft geen buitenhokken.
Die zijn heel duur.
De hele klas gaat klussen.
Maar of het lukt...

ISBN 90-6056-912-1